Homeschool Planner©

For One Student

By Schoolhouse Heaven™

Schoolhouse Heaven
www.schoolhouseheaven.com
Goose Creek, SC

Contents

Student Information Sheet

Student's Name: _Channing Tatum_

School year: _2020 - 2021_

Grade: _8_

Curriculum: _____

Finance   - RPC

Pre Algebra   - Khan Academy

History   - RPC

Science   - pt 1 (7th)   RPC

English   - RPC

_____

_____

Other: _____

Pre Algebra workbook

English Workbook

_____

_____

_____

_____

_____

	September	October	November	December	January	February	March	April	May	June	July	August
1												
2												
3												
4												
5												
6												
7												
8	X	X										
9	X	X										
10	X	X										
11	X	X										
12												
13												
14	X	X										
15	X	X										
16	X	X										
17	X	X										
18	X	X										
19												
20												
21	X	X										
22	X	X										
23	X	X										
24	\	\										
25	\	\										
26												
27												
28	H	Holiday										
29	X	X										
30	X											
31												
Totals:												

Attendance Tracker

Full day = X

Half day = \

Absent = A

Name: Channing

School Year: 20/21

Total days present:_____

Total days absent:_____

Date: 1-21-16

Subject:	Assignment:	Complete:
Math	Do textbook page 30-32	✔
Reading	Read for 30 minutes and write summary	✔
Spelling	Write spelling words 3 times each	✔
Science	Do science project on page 87	✔
History	Watch history video on teaching website	✔

Date: 1-22-16

Subject:	Assignment:	Complete:
Math	Do lesson 2 and 3 on math website	✔
Reading	Read chapter 1 and answer questions	
History	Read social studies lesson on page 90	✔
Handwriting	Do handwriting worksheet	✔
Spelling	Write spelling words 3 times each	

Date: 9/8

Subject:	Assignment:	Complete:
Finance		
History		
Science		
English		

Date: 9/9

Subject:	Assignment:	Complete:

6

Date: 9/10

Subject:	Assignment:	Complete:

Date: 9/11

Subject:	Assignment:	Complete:
		7

Date: 9/14

Subject:	Assignment:	Complete:

Date: 9/15

Subject:	Assignment:	Complete:
8		

Date: 9/16

Subject:	Assignment:	Complete:

Date: 9/17

Subject:	Assignment:	Complete:

Date: 9/18

Subject:	Assignment:	Complete:

Date: 9/21

Subject:	Assignment:	Complete:
10		

Date: 9/22

Subject:	Assignment:	Complete:

Date: 9/23

Subject:	Assignment:	Complete:

11

Date: 9/24

Subject:	Assignment:	Complete:
	Construction / helping remodal home	

Date: 9/25

Subject:	Assignment:	Complete:
	Construction / Shop class	
12		

Date: 9/28   Holiday

Subject:	Assignment:	Complete:
	Constratin shop class	

Date: 9/29

Subject:	Assignment:	Complete:
English	Reading	✓
Science	LED lights ~~Cabbage / Kale / Leafy Greens~~	✓
History	~~Catapults~~	✓
Math	Mastered (2) Working on (3) Prealgebra / 2 pages in workbook ~~Multiplication / watched videos~~	✓
Spelling/ Writing	Synonyms	✓
		13

Date: 9/30

Subject:	Assignment:	Complete:
English	Read Lesson 13	
Math	Worksheet and video	✓
Finance	~~XXXXXX~~ video Lesson 11	✓
History	worksheet	✓
Science	Video diods Lesson 11	✓

Date: 10/1   WATCH WORDPRESS VIDEO

Subject:	Assignment:	Start creating schedule for 1 week / if on phone send to Mom	Complete:
Finance	Lesson 12		
Math	Pg. 10,11,12,13 Watch mathantics video		
History	Lesson 9 North America US Map		
Science	Lesson 12		
English	XXI. chapter Lesson 14 Read		
Grammar	Workbook read, do pg 3+4		

14

Date: 10/8/13

Subject:	Assignment:	Complete:
Math Prealgebra	Subtraction / Real World Math Pg. 6	✓
Essay	Pg 7 - 10	✓
Vocab/ Spelling	Pg. 4-7 vocab Synonyms #1 - Spelling test on Friday	✓
Science		⌒
History		⌃
Finance		╱

Date: Reading

10/14
10/15

Subject:	Assignment:	Complete:
Math/ Prealgebra	Pg. 7 - RWM Math 27-29	
Spelling	Pg. 2	
Essay	Pg 11 - 15	
Vocabulary	Pg 15 + 16	
Science		
History		
Finance	300 word Essay - Andrew Carnaige	
Reading	Post on Wordpress	15

email to tutor.libby@gmail.com

Date:

Subject:	Assignment:	Complete:

Date:

Subject:	Assignment:	Complete:

16

Date:

Subject:	Assignment:	Complete:

Date:

Subject:	Assignment:	Complete:

Date:

Subject:	Assignment:	Complete:

Date:

Subject:	Assignment:	Complete:

Date:

Subject:	Assignment:	Complete:

Date:

Subject:	Assignment:	Complete:
		19

Date:

Subject:	Assignment:	Complete:

Date:

Subject:	Assignment:	Complete:
20		

Date:

Subject:	Assignment:	Complete:

Date:

Subject:	Assignment:	Complete:

Date:

Subject:	Assignment:	Complete:

Date:

Subject:	Assignment:	Complete:
22		

Date:

Subject:	Assignment:	Complete:

Date:

Subject:	Assignment:	Complete:
		23

Date:

Subject:	Assignment:	Complete:

Date:

Subject:	Assignment:	Complete:
24		

Date:

Subject:	Assignment:	Complete:

Date:

Subject:	Assignment:	Complete:
		25

Date:

Subject:	Assignment:	Complete:

Date:

Subject:	Assignment:	Complete:
26		

Date:

Subject:	Assignment:	Complete:

Date:

Subject:	Assignment:	Complete:

27

Date:

Subject:	Assignment:	Complete:

Date:

Subject:	Assignment:	Complete:
28		

Date:

Subject:	Assignment:	Complete:

Date:

Subject:	Assignment:	Complete:
		29

Date:

Subject:	Assignment:	Complete:

Date:

Subject:	Assignment:	Complete:
30		

Date:

Subject:	Assignment:	Complete:

Date:

Subject:	Assignment:	Complete:

31

Date:

Subject:	Assignment:	Complete:

Date:

Subject:	Assignment:	Complete:
32		

Date:

Subject:	Assignment:	Complete:

Date:

Subject:	Assignment:	Complete:

Date:

Subject:	Assignment:	Complete:

Date:

Subject:	Assignment:	Complete:
34		

Date:

Subject:	Assignment:	Complete:

Date:

Subject:	Assignment:	Complete:
		35

Date:

Subject:	Assignment:	Complete:

Date:

Subject:	Assignment:	Complete:
36		

Date:

Subject:	Assignment:	Complete:

Date:

Subject:	Assignment:	Complete:

Date:

Subject:	Assignment:	Complete:

Date:

Subject:	Assignment:	Complete:
38		

Date:

Subject:	Assignment:	Complete:

Date:

Subject:	Assignment:	Complete:

39

Date:

Subject:	Assignment:	Complete:

Date:

Subject:	Assignment:	Complete:

40

Date:

Subject:	Assignment:	Complete:

Date:

Subject:	Assignment:	Complete:
		41

Date:

Subject:	Assignment:	Complete:

Date:

Subject:	Assignment:	Complete:
42		

Date:

Subject:	Assignment:	Complete:

Date:

Subject:	Assignment:	Complete:
		43

Date:

Subject:	Assignment:	Complete:

Date:

Subject:	Assignment:	Complete:
44		

Date:

Subject:	Assignment:	Complete:

Date:

Subject:	Assignment:	Complete:
		45

Date:

Subject:	Assignment:	Complete:

Date:

Subject:	Assignment:	Complete:
46		

Date:

Subject:	Assignment:	Complete:

Date:

Subject:	Assignment:	Complete:
		47

Date:

Subject:	Assignment:	Complete:

Date:

Subject:	Assignment:	Complete:
48		

Date:

Subject:	Assignment:	Complete:

Date:

Subject:	Assignment:	Complete:
		49

Date:

Subject:	Assignment:	Complete:

Date:

Subject:	Assignment:	Complete:
50		

Date:

Subject:	Assignment:	Complete:

Date:

Subject:	Assignment:	Complete:
		51

Date:

Subject:	Assignment:	Complete:

Date:

Subject:	Assignment:	Complete:

52

Date:

Subject:	Assignment:	Complete:

Date:

Subject:	Assignment:	Complete:
		53

Date:

Subject:	Assignment:	Complete:

Date:

Subject:	Assignment:	Complete:

54

Date:

Subject:	Assignment:	Complete:

Date:

Subject:	Assignment:	Complete:
		55

Date:

Subject:	Assignment:	Complete:

Date:

Subject:	Assignment:	Complete:
56		

Date:

Subject:	Assignment:	Complete:

Date:

Subject:	Assignment:	Complete:
		57

Date:

Subject:	Assignment:	Complete:

Date:

Subject:	Assignment:	Complete:
58		

Date:

Subject:	Assignment:	Complete:

Date:

Subject:	Assignment:	Complete:

Date:

Subject:	Assignment:	Complete:

Date:

Subject:	Assignment:	Complete:
60		

Date:

Subject:	Assignment:	Complete:

Date:

Subject:	Assignment:	Complete:

Date:

Subject:	Assignment:	Complete:

Date:

Subject:	Assignment:	Complete:
62		

Date:

Subject:	Assignment:	Complete:

Date:

Subject:	Assignment:	Complete:
		63

Date:

Subject:	Assignment:	Complete:

Date:

Subject:	Assignment:	Complete:
64		

Date:

Subject:	Assignment:	Complete:

Date:

Subject:	Assignment:	Complete:
		65

Date:

Subject:	Assignment:	Complete:

Date:

Subject:	Assignment:	Complete:

66

Date:

Subject:	Assignment:	Complete:

Date:

Subject:	Assignment:	Complete:

Date:

Subject:	Assignment:	Complete:

Date:

Subject:	Assignment:	Complete:
68		

Date:

Subject:	Assignment:	Complete:

Date:

Subject:	Assignment:	Complete:

Date:

Subject:	Assignment:	Complete:

Date:

Subject:	Assignment:	Complete:
70		

Date:

Subject:	Assignment:	Complete:

Date:

Subject:	Assignment:	Complete:
		71

Date:

Subject:	Assignment:	Complete:

Date:

Subject:	Assignment:	Complete:
72		

Date:

Subject:	Assignment:	Complete:

Date:

Subject:	Assignment:	Complete:

73

Date:

Subject:	Assignment:	Complete:

Date:

Subject:	Assignment:	Complete:

74

Date:

Subject:	Assignment:	Complete:

Date:

Subject:	Assignment:	Complete:
		75

Date:

Subject:	Assignment:	Complete:

Date:

Subject:	Assignment:	Complete:

Date:

Subject:	Assignment:	Complete:

Date:

Subject:	Assignment:	Complete:

77

Date:

Subject:	Assignment:	Complete:

Date:

Subject:	Assignment:	Complete:

Date:

Subject:	Assignment:	Complete:

Date:

Subject:	Assignment:	Complete:
		79

Date:

Subject:	Assignment:	Complete:

Date:

Subject:	Assignment:	Complete:
80		

Date:

Subject:	Assignment:	Complete:

Date:

Subject:	Assignment:	Complete:

Date:

Subject:	Assignment:	Complete:

Date:

Subject:	Assignment:	Complete:
82		

Date:

Subject:	Assignment:	Complete:

Date:

Subject:	Assignment:	Complete:

Date:

Subject:	Assignment:	Complete:

Date:

Subject:	Assignment:	Complete:
84		

Date:

Subject:	Assignment:	Complete:

Date:

Subject:	Assignment:	Complete:
		85

Date:

Subject:	Assignment:	Complete:

Date:

Subject:	Assignment:	Complete:
86		

Date:

Subject:	Assignment:	Complete:

Date:

Subject:	Assignment:	Complete:

87

Date:

Subject:	Assignment:	Complete:

Date:

Subject:	Assignment:	Complete:

Date:

Subject:	Assignment:	Complete:

Date:

Subject:	Assignment:	Complete:

Date:

Subject:	Assignment:	Complete:

Date:

Subject:	Assignment:	Complete:
90		

Date:

Subject:	Assignment:	Complete:

Date:

Subject:	Assignment:	Complete:
		91

Date:

Subject:	Assignment:	Complete:

Date:

Subject:	Assignment:	Complete:
92		

Date:

Subject:	Assignment:	Complete:

Date:

Subject:	Assignment:	Complete:

93

Date:

Subject:	Assignment:	Complete:

Date:

Subject:	Assignment:	Complete:
94		

Date:

Subject:	Assignment:	Complete:

Date:

Subject:	Assignment:	Complete:
		95

Date:

Subject:	Assignment:	Complete:

Date:

Subject:	Assignment:	Complete:
96		

Date:

Subject:	Assignment:	Complete:

Date:

Subject:	Assignment:	Complete:

Date:

Subject:	Assignment:	Complete:

Date:

Subject:	Assignment:	Complete:
98		

Report Card

Date:_____

School year:_____ Quarter:_____

Name:_____

School Name:_____

Address:_____

_____

Subject:	Grade:

Comments:_____

_____

_____

_____

_____

_____

Signature:_____

Report Card

Date:_____

School year:_____ Quarter:_____

Name:_____

School Name:_____

Address:_____

_____

Subject: Grade:

Comments:_____

_____

_____

_____

_____

_____

Signature:_____

Report Card

Date:_____

School year:_____ Quarter:_____

Name:_____

School Name:_____

Address:_____

_____

Subject:	Grade:

Comments:_____

_____

_____

_____

_____

_____

Signature:_____

Report Card

Date:_____

School year:_____ Quarter:_____

Name:_____

School Name:_____

Address:_____

_____

Subject:	Grade:

Comments:_____

_____

_____

_____

_____

_____

Signature:_____

Made in the USA
Middletown, DE
22 September 2020